이 책의 특징

■■■ 한 명이 여러 권의 책을 읽는 것보다는 여러 명이 한 권의 책을 읽고 토론하는 '공동 탐구 토론 학습법'이 훨씬 효과적입니다.

- 룰(rule)이 있는 **6단 논법** 토론 방식으로 수업을 이끌어 언어의 구사력, 청취력, 질문 능력, 논술력 등을 탁월하게 향상시킵니다.

- 교과서에 나오는 명작 동화, 전래 동화, 우화, 위인전 등을 읽고 토론하기 때문에 토론이 재미있고 쉽다는 것을 알게 합니다.

- 〈예문보기〉에서는 대화나누기, 생각지도 그리기, 찬성 논술, 6단 논법 정리하기, 어린이 시 쓰기 등 알기 쉽도록 예문을 적어 놓았습니다.

- 〈정해진 안건에 맞춰 토론 수업하기〉는 앞의 〈예문보기〉를 참고로 해서 쉽게 토론을 할 수 있게 했습니다.

- 생각지도를 그린 뒤에 논술을 쓰게 하여 논리력과 사고력을 높이고 요점 파악을 잘 할 수 있도록 하였습니다.

- 글과 연관지어 어린이 시 한 편을 쓰게 하였기 때문에 글감에 대하여 다양한 시적인 표현을 할 수 있게 하였습니다.

- 〈생각넓히기〉 코너에서는 글쓰기가 재미있다는 것을 느낄 수 있도록 다양한 글 쓰기 경험을 갖게 하였습니다.

- 마지막으로 〈말하기 토론 시간〉은 현실적인 문제를 안건으로 정한 뒤, 대화로 토론할 수 있는 기회를 주어 말하기 실력도 높이게 했습니다.

6단 논법이란?
영국의 언어 학자 툴민(Toulmin) 박사가 정립한 이론.
미국을 비롯한 유럽 등 선진국에서는 토론 수업 및 각종 프로그램에 6단 논법을 널리 이용하고 있다. (「생각의 충돌」 김병원 저 / 2000년 / 자유지성사)

토의는 주제에 대해 각자의 의견을 제시하고, 검토하는 활동으로써 주어진 문제에 해답을 찾아내는 데 의미가 있습니다.

토론은 어떤 주제를 둘러싸고 여러 사람이 각자의 의견을 말하며, 상대방을 설득 시키는 데 중점을 둡니다.

토론에서의 언어 표현 방법
❶ 지적인 언어 표현이어야 합니다.
❷ 논리적인 표현이어야 합니다.
❸ 사실에 근거한 논박을 해야 합니다.
❹ 정확한 용어를 사용합니다.
❺ 바르고 순화된 언어를 사용합니다.
❻ 올바른 토론 문화 습관을 기릅니다.

6단 논법은 어떻게 하는 것일까요?

◐ **안 건** 상황이나 현실의 어떤 변화를 시도하는 내용이어야 합니다.

예) 미신을 믿고 따른 행위가 일반화된 현실이라면, '그것은 옳지 않다.'고 보는 견해를 안건으로 정해서, '미신 행위를 인정할 수 없다.'는 안건을 제시하는 찬성 쪽의 토론에 대해 반대 쪽은 '미신 행위가 일반화되어 있기 때문에 인정해야 한다.'는 현재의 현상을 그대로 지지하는 토론을 할 수 있습니다.

◐ **결 론** 안건에 대한 찬성, 또는 반대의 입장을 정합니다.

이 유
토론의 본질이라 할 수 있으며 6단 논법의 핵심입니다. 이유의 선택은 결론에서부터 '왜?'라는 물음을 여러 번 물어 그 응답들 중에 하나를 선택하여 결정합니다.

예) '미신 행위를 인정할 수 없다.'는 안건에 찬성했을 경우
① 왜 인정할 수 없는가? – 미신은 잘못이기 때문이다.
② 왜 미신은 잘못인가? – 미신은 사실이 아닌 것을 믿는 것이기 때문이다.
③ 왜 사실이 아닌 것을 믿으면 잘못인가? – 세상은 사실로만 되어 있기 때문이다.

설 명
이유와 마찬가지로 토론의 중요한 본질이며 6단 논법의 핵심입니다.

예) 미신은 사실이 아니다. 사실이 아닌 것을 믿는 것은 잘못이다. 왜냐하면, 믿는다는 것은 사실임을 전제로 하기 때문이다. 어떤 사실을 믿는 행위는 미신에 속하지 않는다. 만약 사실이 아닌데도 믿는다면 그것은 믿음이 아니라 공상이고 망상이다. 따라서 사실이 아닌 것을 믿는 미신은 공상이나 망상의 일종이므로 공상이나 망상을 실제 생활에 연결시키는 미신은 잘못이다.

반론 꺾기
반대 쪽은 찬성 쪽 안건의 찬성 결론 이유에 대해서 집중 토론하여야 합니다.

미리 반론을 예상하고 '반론 꺾기'를 할 수 있습니다. 또 일단 찬성 토론이 있은 후, 반대 쪽에서 찬성 쪽의 이유와 설명이 잘못되었음을 지적하고 반론 꺾기를 할 수 있습니다. 그리고 반대 토론이 있은 다음에, 찬성 쪽이 반대의 이유를 다시 집중 토론합니다.

정 리
어떤 안건에 대한 토론의 결론으로 찬성과 반대, 어느 쪽을 택하든 대개의 경우 예외라는 것이 있습니다. 예외가 없는 것은 토론의 대상이 될 수 없기 때문입니다. 그 예외 부분을 정리함으로써 자신의 주장을 완성시킵니다.

예) 세상은 사실로만 되어 있기 때문에 사실이 아닌 것을 믿는 미신을 잘못이라고 토론을 전개했을 경우 – 그것은 사람의 마음일 것이다.

(제 7차 교육과정 운영을 위한 토의·토론 학습, 장학자료 2000-18 경상북도 교육청)

이 책을 재미있게 공부하는 방법

먼저 <예문보기>를 읽습니다. 다른 친구들은 글을 읽고, 어떤 생각을 하고 어떤 주장을 하였으며 어떤 결론을 얻었는지 꼼꼼하게 살핍니다.

찬성 논술
- 찬성 논술을 쓰기 전에 먼저 생각지도를 그려 봅니다. 생각지도는 마음의 지도입니다. 마음속에 지도를 그리듯 생각지도를 그려 보고 글을 쓰면 훨씬 더 좋은 글을 쓸 수 있습니다.
- 앞장의 생각지도에 맞춰 찬성 논술을 씁니다.
- 6단 논법으로 정리를 하고, 선생님의 지도를 받습니다.
- 예문보기의 안건에 맞춰 스스로 찬성 논술을 써 봅니다.
- 6단 논법으로 정리하고, 선생님의 지도를 받습니다.
  *어린이 시 한 편을 써 봅니다.

반대 논술
- 반대 논술을 쓰기 전에 먼저 생각지도를 그려 봅니다.
- 앞장의 생각지도에 맞춰 반대 논술을 씁니다.
- 6단 논법으로 정리하고, 선생님의 지도를 받은 후, 승리한 쪽을 결정합니다.
- 예문보기의 안건에 맞춰 스스로 반대 논술을 써 봅니다.
- 6단 논법으로 정리하고, 선생님의 지도를 받은 후, 승리한 쪽을 결정합니다.

<정해진 안건에 맞춰 토론 수업하기>에서는 정해진 안건을 보고 내 주장을 펼칩니다.

찬성 논술
- 찬성 논술을 쓰기 전에 먼저 생각지도를 그립니다.
- 앞장의 생각지도에 맞춰 찬성 논술을 씁니다.
- 6단 논법으로 정리하고, 선생님의 지도를 받습니다.
  *재미있게 어린이 시 한 편을 써 봅니다.

반대 논술
- 반대 논술을 쓰기 전에 먼저 생각지도를 그립니다.
- 앞장의 생각지도에 맞춰 반대 논술을 씁니다.

- 6단 논법으로 정리하고, 선생님의 지도를 받은 후, 승리한 쪽을 결정합니다
  *생각넓히기를 위해 재미있게 상상하여 글로 쓰거나 그림으로 그립니다.

3. <친구들과 토론 수업하기>에서는 다뤄지지 않는 중요한 안건을 새롭게 정합니다.

찬성 논술
- 찬성 논술을 쓰기 전에 먼저 생각지도를 그립니다.
- 앞장의 생각지도에 맞춰 찬성 논술을 씁니다.
- 6단 논법으로 정리하고, 선생님의 지도를 받습니다.
  *어린이 시 한 편을 씁니다.

반대 논술
- 반대 논술을 쓰기 전에 먼저 생각지도를 그립니다.
- 앞장의 생각지도에 맞춰 반대 논술을 씁니다.
- 6단 논법으로 정리하고, 선생님의 지도를 받은 후, 승리한 쪽을 결정합니다.

<생각 넓히기>를 위해 재미있게 상상하여 글로 쓰거나 그림으로 그립니다.
- 일기 쓰기
- 독후감상문 쓰기
- 짧은 글짓기
- 상상하여 표현하기
- 상상하여 그림으로 표현하기
- 독서 퀴즈 시간

5. <말하기 토론 시간>에서는 다음 수업에서 다룰 새로운 안건을 정해 주어 주장할 내용과 자료를 미리 준비할 수 있도록 합니다. 현실적인 문제를 안건으로 다루는 것이 좋습니다.

예) 일기는 쓰지 않는 것이 좋다.
예) 머리 염색을 하는 것은 자유다.
예) 이름 대신 별명을 부르는 것은 옳지 않다.
예) 차가 없을 때도 빨간 신호등을 반드시 지켜야 하는가?

토론 수업 계획표

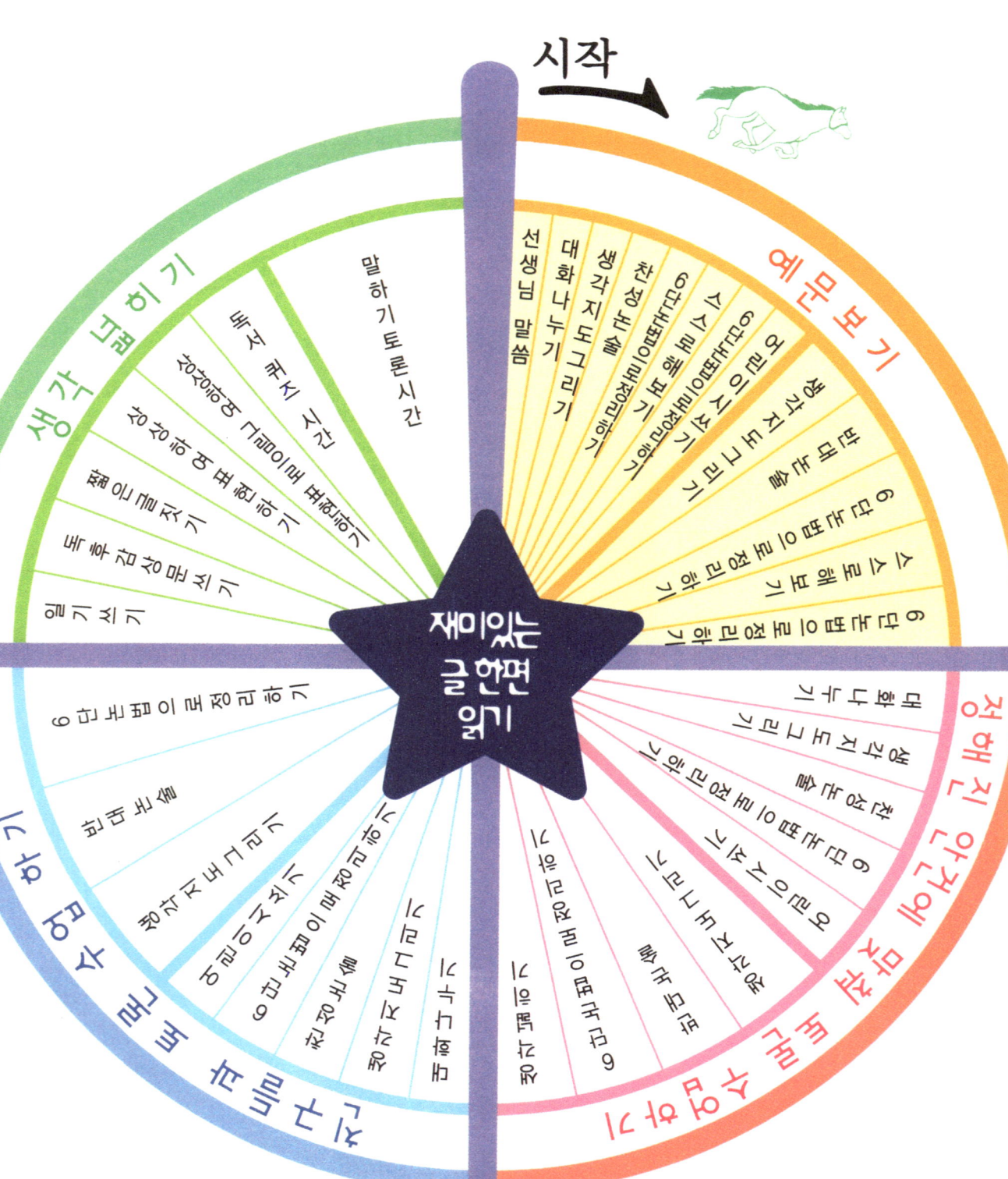

자기 주도 독서 · 토론 · 논술 커리큘럼

김정호

기획 · 구성 | 자유토론

주식회사 자유지성사

차 례

- 이 책의 특징 ······················· 4
- 6단 논법 ························· 6
- 이 책을 재미있게 공부하는 방법 ······ 8
- 토론 수업 계획표 ··················· 10
- 김정호 ·························· 16

★ 예문보기
  - 선생님 말씀 ···················· 34
  - 대화 나누기 ···················· 35
  - 생각지도 그리기 ················· 37
  - 찬성 논술 ····················· 38
  - 6단 논법으로 정리하기 ············ 39
  - 스스로 해 보기 ················· 40
  - 6단 논법으로 정리하기 ············ 41
  - 어린이 시 쓰기 ················· 42
  - 생각지도 그리기 ················· 43
  - 반대 논술 ····················· 44
  - 6단 논법으로 정리하기 ············ 45
  - 스스로 해 보기 ················· 46
  - 6단 논법으로 정리하기 ············ 47

★ 정해진 안건에 맞춰 토론 수업하기
  - 대화 나누기 ···················· 48
  - 생각지도 그리기 ················· 49
  - 찬성 논술 ····················· 50
  - 6단 논법으로 정리하기 ············ 51

- 쓱쓱쓱 어린이 시 쓰기 ----------------- 52
- 생각지도 그리기 ------------------- 53
- 반대 논술 ---------------------- 54
- 6단 논법으로 정리하기 -------------- 55
- 생각 넓히기 --------------------- 56

★ 친구들과 토론 수업하기
- 대화 나누기 --------------------- 58
- 생각지도 그리기 ------------------ 59
- 찬성 논술 ---------------------- 60
- 6단 논법으로 정리하기 ------------- 61
- 쓱쓱쓱 어린이 시 쓰기 -------------- 62
- 생각지도 그리기 ------------------ 63
- 반대 논술 ---------------------- 64
- 6단 논법으로 정리하기 ------------- 65

★ 생각 넓히기
- 일기 쓰기 ---------------------- 66
- 독후감상문 쓰기 ------------------ 68
- 짧은 글짓기 --------------------- 69
- 상상하여 표현하기 ----------------- 70
- 상상하여 그림으로 표현하기 ---------- 71
- 독서 퀴즈 시간 ------------------- 72
- 말하기 토론 시간 ----------------- 74
- 나의 자료 조사 ------------------ 75

자기 주도 독서·토론·논술 커리큘럼

「김정호」읽고
토론·논술 커리큘럼 완전정복

기획·구성 | 자유토론

주식회사 자유지성사

김정호

　김정호가 태어난 곳은 황해도의 어느 작은 마을이었습니다. 가난한 농부의 아들로 태어난 김정호는 어려서부터 무척 호기심이 많았습니다. 궁금한 것이 있으면 절대 그냥 넘어가지 않았습니다.
　그 중에서도 지리에 관한 관심이 많았습니다. 마을을 둘러싼 산들은 어디에서 시작되어 어디에서 끝이 나는지, 마을 앞을 흐르는 시냇물은 어디서 시작하여 어디로 흘러 가는 것인지, 궁금한 점이 한 두 가지가 아니었습니다.
　"저 산을 넘으면 무엇이 있을까?"
　"그야 그 산너머를 재령이라고 부르니까 재령 땅이 있겠지. 우리가 사는 여기를 신천이라고 부르는 것처럼 말이야."
　"동네 이름을 알고 싶은 것이 아니야. 땅은 어떤 모습이고, 어떤 곳일까?"
　"참내, 우리 동네처럼 산도 있고, 들고 있고, 나무도 있겠지."
　친구들은 모두 그렇게 말했지만 어린 김정호의 궁금증은 조금도 덜어지지 않았습니다.

걸핏하면 땅 모양에 대해 생각 하느라 글공부도 제대로 하지 않았습니다.

"도대체 너는 나중에 무엇이 되려고 글공부에는 관심이 없느냐! 매일 무슨 생각을 골똘하게 하는 거야!"

서당 선생님은 멍한 표정으로 생각에 잠겨 있는 김정호를 볼 때마다 꾸짖었습니다.

"선생님, 이 땅의 생김새를 한 눈에 볼 수 있는 지도를 만들고 싶습니다."

김정호가 불쑥 그런 말을 하자 서당 선생님은 어처구니 없다는 표정을 지었습니다.

"지도? 그런 것은 만들어서 무엇에 쓰려고?"

"그 일은 나라를 위해서도 꼭 필요하다고 생각합니다."

"그런 쓸데없는 소리는 하지 말고 글공부나 열심히 하거라. 네가 진정 이 나라를 위해 큰 일을 하고 싶거든 열심히 글공부를 해서 과거에 급제를 하거라. 그래서 벼슬을 얻어 좋은 정치를 펼치면 된다."

"좋은 정치를 해야만 훌륭한 사람인가요? 지도를 만드는 사람도 훌륭한 사람이 될 수 있어요."

김정호는 힘주어 말했습니다.

"닥치거라! 또다시 허튼 소리를 했다가는 종아리를 맞을 줄 알거라!"

선생님은 김정호를 몹시 꾸중하였습니다.

그렇지만 김정호는 틈만 나면 혼자서 산을 넘어가 보고, 이웃 동네까지 땀

을 뻘뻘 흘리며 가 보았습니다. 그렇게 발이 부르트도록 돌아다녔지만 얻은 것은 이 나라 모습에 대한 강한 궁금증이었습니다.

어느덧 세월이 흘러 김정호도 어른이 되었습니다. 그러던 어느 날, 평소에 친하게 지내던 이용희가 신천의 읍지도를 한 장 구해다 주었습니다.

"정말 신천의 모습이 모두 여기에 담겨 있단 말인가?"

김정호의 기쁨은 이루 말할 수 없이 컸습니다.

"정말 고맙네!"

김정호는 지도를 들고 쏜살같이 뛰어나갔습니다.

"아니, 어딜 가려고?"

이용희가 뒤에서 소리를 질렀지만 김정호는 어느 새 사라지고 보이지 않았습니다.

김정호는 지도를 들고 산 위로 올라가 여러 곳을 살펴보았습니다. 들판에도 나가 보고, 강가에도 나가 읍도에 그려진 모양과 같은가를 비교하였습니다.

"아냐, 모두 달라. 한 가지도 정확하지 않아."

김정호는 몹시 실망하였습니다. 지도에 그려진 모습과 실제 모습은 너무도 달랐던 것입니다. 지도에도 없는 냇가가 있고, 지도에는 버젓이 있는 산도 실제로는 작은 언덕에 불과한 것도 많았습니다. 마을이 앉은 자리와 산의 자리가 뒤집혀 있는 경우도 많았습니다. 산과 산, 그리고 마을과 다른 마을의 거리도 도무지 알 길이 없었습니다.

"이런 지도는 있으나마나야. 틀린 것 투성이인 지도는 지도라고 할 수가 없어. 아이들이 장난 삼아 그린 지도보다 못 해."

김정호는 지도를 손에 든 채 깊은 한숨을 내쉬었습니다.

"나라를 튼튼하게 하려면 정확한 지도가 있어야 해. 그래야 백성들의 나라에 대한 사랑도 그만큼 강해질 것이고."

김정호는 반드시 완벽한 지도를 만들겠다고 굳게 다짐하였습니다.

하루는 서울에서 온 선비 한 사람이 김정호 집에서 하룻밤을 묵게 되었습니다.

김정호는 그 소문을 듣고 서슴없이 곁으로 다가갔습니다.

"드릴 말씀이 있습니다."

"무얼 묻고 싶은가?"

"우리 나라 지도를 한번 보고 싶습니다. 어디로 가면 볼 수 있는지 알고 계십니까?"

"지도를 왜 보고 싶은가?"

"이 나라의 백성이라면 당연히 어디에 산이 있고, 어디에 들이 있고, 어디에 강과 바다가 있는지 알아야 한다고 생각합니다."

"이 나라 백성들이 모두 알아야 할 필요는 없다고 생각하는데?"

"저는 그렇게 생각하지 않습니다. 나라가 어떻게 생겼는지도 모르는 백성들이 모여 사는 나라라면 어떤 발전도 기대하기 어렵다고 생각합니다."

김정호의 설명에 선비는 고개를 끄덕였습니다.

"자네 말을 듣고 보니, 나 또한 이 나라 모습에 대해서 중요하게 생각하지 않았다는 사실이 부끄럽기 짝이 없군."

"고맙습니다. 어딜 가면 지도를 볼 수 있는지 꼭 알려 주십시오."

"지도라면 규장각에 있을 거요. 그 곳은 역대 임금님의 유적들을 보관하는 관청인데 거기 가면 분명 지도가 있을 것이오."

"정말 고맙습니다!"

김정호는 몹시 기뻐하였습니다.

이튿날, 김정호는 간단한 괴나리봇짐을 짊어지고 집을 나섰습니다. 가족에게는 잠시 여행을 하고 돌아오겠다고 했습니다. 지도를 보러 서울 규장각에 간다고 하면 모두 걱정할 것 같았기 때문입니다.

먼길을 걸으면서도 김정호는 힘든 줄을 몰랐습니다. 규장각에 도착하기만 하면 지도를 볼 수 있다는 기쁨에 잠시도 발걸음을 멈추지 않았습니다.

규장각에 도착한 김정호는 한 관리를 찾아가 사정을 하였습니다.

"규장각에 우리 나라를 한눈에 볼 수 있는 지도가 있다고 들었습니다. 그것을 한 번만 볼 수 없을까요?"

"지도는 군사 기밀과 관련된 것이오. 그렇게 귀한 자료를 어떻게 이름도 성도 모르는 젊은이에게 보여줄 수 있단 말이오?"

관리는 옷차림이 남루한 김정호를 몹시 의심하였습니다. 하지만 김정호는 물러서질 않았습니다.

"지도를 보기 위해서 단숨에 달려왔습니다. 제발 소원입니다. 한 번만 보여 주십시오."

김정호는 간절하게 부탁하였습니다. 아무리 그래도 관리는 안 된다는 대답만 했습니다.

그 때 한 젊은 선비가 그 앞을 지나다가 발걸음을 멈추었습니다.

"무슨 일 때문에 그러시오?"

선비가 물었습니다.

"이 젊은이가 규장각에 있는 지도를 보여 달라고 떼를 쓰고 있습니다."

"지도를? 지도를 뭣하러 본다는 거요?"

선비가 김정호를 보며 물었습니다.

"평소에 우리 나라는 어떻게 생겼을까, 하고 늘 생각하였습니다."

"지도 보는 것이 그렇게도 소원이라면 내가 그 소원을 들어 주겠소."

"정말이십니까? 정말 고맙습니다!"

선비의 말에 김정호는 뛸 듯이 기뻐하였습니다.

선비는 김정호를 자기 집으로 데려갔습니다. 그리고 김정호의 소원대로 지도를 보여 주었습니다.

그가 바로 최한기였습니다. 그는 과거에 급제하고도 학문에만 몰두하였던 조선 후기의 대표적인 실학자입니다.

"저처럼 보잘것 없는 사람에게 지도를 보여 주셔서 대단히 감사합니다."

지도를 받아 본 김정호는 너무도 좋아 어쩔 줄을 몰랐습니다.

"이 지도를 제게 빌려 주실 수는 없습니까?"

김정호는 어렵게 부탁을 하였습니다.

"왜 그러시오?"

"이 지도가 실제로 얼마나 정확한지 확인해 보고 싶어서 그렇습니다."

"그러면 무얼 얻겠소?"

"틀린 지도는 고쳐야 하겠지요. 세월이 지나면 산천도 변하는 법인데, 예전에 만들어진 지도라면 다시 고쳐야 할 곳도 많을 것입니다."

김정호의 말에 최한기는 고개를 끄덕였습니다.

"아무쪼록 좋은 결과가 나오길 바라겠소."

최한기는 김정호에게 귀한 지도를 선뜻 건네주었습니다. 처음 본 김정호에게 귀한 지도를 내 주었던 것은 최한기 역시 지도가 얼마나 중요한 것인가를 알고 있었기 때문이었습니다.

지도를 손에 넣은 김정호는 그 즉시 길을 나섰습니다.

하지만 여러 곳을 다니는 동안 김정호는 다시 한번 실망하고 말았습니다. 실제 땅 모양과 지도가 너무도 달랐던 것입니다.

"지도가 실제와 이렇게 차이가 많이 나서야 어디 쓰겠는가. 이건 직접 측량하지 않고 앉아서 지도를 만들었기 때문일 거야. 이런 건 그냥 모양만 지도일 뿐이다. 지도의 구실을 하나도 할 수 없어. 내 두 손으로 우리 나라의 가장 정밀한 지도를 만들고 말리라."

집으로 돌아온 김정호는 종이와 붓과 벼루와 먹을 챙겼습니다.

"도대체 어딜 가시려고 이러십니까?"

김정호의 아내가 걱정스런 얼굴로 물었습니다.

"이 나라의 지도는 다시 만들어져야 하오. 그 일은 누가 됐든 반드시 해야 될 중요한 일이오."

"여보, 혼자서 돈도 없이 그 어려운 일을 어떻게 할 수 있단 말이에요?"
"아무리 힘이 들어도 한번 마음먹은 일이니 꼭 해내고 오겠소."
김정호는 아내와 가족을 뒤로 한 채 집을 나섰습니다.
팔도 강산은 너무도 넓고 험했습니다.
숲이 우거진 곳에서는 대낮에도 산짐승을 만나기 일쑤였습니다.
조랑말 한 마리 살 돈도 없어 늘 걸어다니다 보니 발이 부르트고 피멍이 들어 꼼짝할 수 없을 지경이 되기도 했습니다.

강을 건널 때에는 뱃삯이 없어서 사공에게 사정을 하여 겨우 건넌 일도 많았습니다.

아무리 힘들어도 김정호는 작은 냇가, 낮은 산, 좁은 들판도 놓치지 않았습니다. 항상 붓을 꺼내 지도에 그렸습니다.

김정호는 아주 오랜 세월을 거쳐 팔도를 두루두루 돌아다녔습니다. 도시와 마을, 들과 산, 바다와 섬 등 김정호의 발길이 닿지 않은 곳이 없었습니다.

하지만 한 번 본 것으로 정확하게 다 보았다고 할 수는 없었습니다.

"세 번은 보아야 눈을 감고 있어도 정확하게 그릴 수 있을 것이다."

김정호는 한 번 다녀온 곳을 다시 또 가고, 또 갔습니다. 그렇게 거듭 세 번이나 돌아다녔습니다. 백두산은 여덟 번이나 오르락내리락했습니다.

날이 저물면 바위 밑에서 이슬을 피하고, 배가 고프면 풀뿌리나 나무 껍질을 벗겨 먹으며 허기를 면했습니다.

하지만 그런 몸 고생은 조금도 무섭지 않았습니다. 김정호가 가장 두려워한 것은 도둑 떼였습니다.

느닷없이 도둑 떼를 만나 그 동안 애써 그려 놓은 지도를 몽땅 빼앗길 때도 있었습니다.

"제발 다 가져가도 좋으니 그 지도만은 돌려주시오. 그 지도는 내 생명과도 같은 것이오."

김정호가 아무리 애걸을 해도 도둑 떼는 그 말을 들어 주지 않았습니다.

"너한테 중요한 물건이면 더욱 줄 수가 없지. 우리한테도 좋은 물건이 될지 모르잖아?"

도둑들은 매몰차게 지도를 가져가 버렸습니다.

"할 수 없구나. 다시 시작하는 수밖에."

도둑들에게 지도를 빼앗겼지만 김정호는 좌절하지 않았습니다. 다시 용기를 내어 땅을 조사하고, 지도를 그렸습니다. 그러느라 예정보다 몇 달 더 고생한 적도 많았습니다.

김정호는 괴로움을 참으며 산 이름을 조사하고 내와 강과 바다의 모양, 마을과 도로를 사실대로 정확하게 조사하였습니다.

그러던 어느 해 여름, 김정호는 병을 얻고 말았습니다. 너무 무리를 해서 몸이 말을 듣지 않았던 것입니다.

병을 치료하기 위해 집으로 돌아온 김정호는 깜짝 놀랐습니다. 아내와 가족들이 누더기를 걸친 채 남의 집 일을 거들어 주며 간신히 살아가고 있었기 때문이었습니다.

집은 군데군데 무너져 내리고, 도저히 사람이 사는 곳이라고 볼 수 없을 만큼 망가져 있었습니다.

"여보, 고생만 시켜 미안하오."

김정호는 너무도 늙어버린 아내 앞에서 차마 고개를 들지 못했습니다.

아내와 딸도 바짝 마른 몸에 누더기를 걸치고 나타난 아버지를 보고 눈물을 흘렸습니다.

"잘 돌아오셨어요. 이제 편안하게 쉬면서 건강을 되찾으세요."

가족들은 돌아온 김정호를 반갑게 맞이하였습니다.

그 뒤 아내와 딸은 지극 정성으로 김정호를 간호하였습니다. 없는 살림에도 몸에 좋은 약을 지어 오고, 보리밥이라도 따뜻하게 지어냈습니다.

가을이 가까워지자 김정호의 몸도 조금씩 나아졌습니다. 그러자 지도를 만드는 일을 다시 시작해야 되겠다는 생각이 들기 시작하였습니다.

"여보, 남들이 당신을 미친 사람이라 손가락질을 해요. 이제부터는 돈을 못 벌어도 좋으니 제발 집에 계세요. 조금 있으면 추운 겨울인데 어딜 가려고 그러십니까?"

김정호의 생각을 눈치챈 아내가 간절하게 김정호를 붙잡았습니다.

"내 소원은 자나깨나 좋은 지도를 만드는 것이오. 고생만 시켜서 정말 미안하지만 나는 또다시 지도를 만들기 위해 길을 떠나야 하오."

김정호도 안타깝게 말했습니다.

"아버지, 가지 마세요."

딸도 김정호를 붙들었습니다. 김정호는 간절하게 붙잡는 가족들의 얼굴을 차마 똑바로 볼 수가 없었습니다.

이튿날 새벽, 김정호는 식구들에게 아무 말도 하지 않고 집을 나섰습니다.

몸이 완전히 회복된 것은 아니었지만, 그냥 있다가는 영영 지도를 완성하지 못할 것만 같았습니다.

어둠을 헤치고 길을 떠나는 김정호를 몰래 바라보는 사람이 있었습니다. 바로 김정호의 아내였습니다. 부인은 남편의 건강이 걱정스러웠지만 못 떠나게 잡을 수 없다는 것을 너무도 잘 알고 있었습니다.

"꼭 무사히 일 마치고 돌아오셔야 해요. 기다리고 있겠습니다."

부인은 어둠 속으로 사라지는 김정호를 향해 가만히 손을 흔들어 주었습니다. 그것이 부인과 김정호의 마지막 이별이었습니다.

김정호는 조선 팔도를 세 번 다 돌아다니는 동안 이루 말할 수 없는 고생을 했습니다. 하지만 하루 빨리 일을 끝내고 집으로 돌아가리라 생각하며 고생을 잊었습니다.

드디어 지도를 만들 준비를 모두 끝냈습니다.

"이제는 집에서 편안하게 마무리를 하면 되겠구나."

김정호는 그 동안 그려 놓은 지도를 한 짐 짊어지고 서둘러 집으로 향했습니다. 이제는 더 이상 돌아다니지 않아도 조선 팔도의 모습을 정확하게 그려 낼 수 있을 것 같았습니다.

집으로 돌아가면 누구보다 아내가 가장 기뻐해 줄 것 같았습니다.

하지만 아내는 김정호가 집을 비운 사이에 저 세상으로 떠나고 없었습니다.

딸이 외롭게 집을 지키고 있었습니다.

"여보……. 나 때문에 고생만 하다가 서둘러 떠났구려……."

김정호는 소리없이 눈물을 뿌렸습니다. 지도를 다 완성하면 집안 살림에 조금이라도 보탬이 될 것이고, 그러면 아내도 남의 집 일이나 하면서 고생하지 않아도 될 것이라고 믿었는데 모두 물거품이 되고 만 것입니다.

그 뒤 딸은 온갖 어려운 일을 혼자 감당해가며 김정호를 도왔습니다. 아내처럼 불평 한 마디 없이 일만 하는 딸을 볼 때마다 김정호는 마음이 아팠습니다.

"애야, 이제 너도 나이가 찼으니 좋은 신랑감을 만나 시집을 가도록 해라."

김정호는 딸이 고생을 벗어날 수 있는 방법이 그 길밖에 없다고 여겼습니다. 그래서 싫다는 딸을 억지로 설득해서 시집을 보냈습니다.

하지만 딸은 일 년도 안 되어 다시 집으로 돌아왔습니다. 평소 몸이 약했던 신랑이 끝내 죽어 버린 것입니다.

"싫다는 너를 억지로 시집 보낸 것이 잘못이었구나. 그래, 이제부터는 나하고 살자."

김정호는 가엾은 딸을 위해서라도 더 부지런히 지도를 완성해야겠다고 결심하였습니다.

밑그림을 그리는 데만 10년이 걸렸습니다. 다행히 딸이 큰 도움이 되어 주었기 때문에 순조롭게 진행할 수 있었습니다.

"이제 지도가 다 된 것입니까?"

딸이 물었습니다.

"아니다. 목판에 한 장 한 장씩 새겨서 찍어내야만 여러 사람이 볼 수 있을 것이다."

하지만 가장 큰 걱정거리가 생겼습니다. 목판 값이 이만저만 비싸질 않았던 것입니다. 또 한두 달 걸려서 완성될 일도 아니었습니다.

그리고 시골 구석에서 목판을 새기는 일이 쉽지가 않았습니다. 목판 구하기도 힘들고, 일을 거들어 줄 사람도 없었습니다.

"안 되겠다. 서울로 가자."

김정호는 당장 집을 팔고 서울로 옮겨왔습니다. 그리고 갖은 고생을 해서 돈을 벌어 목판을 사고, 목판을 구하면 날이 새는 줄도 모르고 지도를 새겼습니다.

"제발 쉬면서 하세요."

딸이 잠도 자지 않고 일만 하는 김정호를 말렸지만, 소용없었습니다.

"내가 죽기 전에 해야 될 일인데, 꾀를 부릴 틈이 어디 있겠느냐."

김정호의 대답은 항상 똑같았습니다.

밤낮 없이 칼을 들고 목판을 새기다 보면, 어떤 때는 깜박 졸다가 손가락을 찌르는 수가 많았습니다. 살가죽이 찢기고 갈라져 피가 흐르고, 다시 상처가 아문 자리가 찢기고……. 김정호의 손은 사람의 손이라고 볼 수 없을 정도로 험했습니다.

"칼끝을 조심해야 된다. 칼끝 한 번 잘못 놀리면 실제의 땅 모양과 다르게 되고, 전혀 엉뚱한 지도가 되고 만다. 무슨 일이 있어도 칼끝을 조심해야 한다."

원래 말이 없던 김정호였지만 일을 할 때면 쉬지 않고 잔소리를 해대고는 했습니다.

"잘못 새겼다가는 나라에 도움도 못 되거니와 아무 짝에도 쓸모 없는 지도가 된다."

목판 새기는 일에 열중하다 보면 양식이 떨어지기 일쑤였습니다. 그러면 목판 새기는 일은 잠시 딸에게 맡기고 소설을 지어 팔고는 했습니다. 그렇게 해서 돈이 좀 생기면 양식을 사고, 다시 목판 새기는 일에 매달렸습니다.

목판을 새기는 일도 밑그림을 그리는 일처럼 꼬박 10년이 걸렸습니다.

"드디어 완성했다!"

목판 새기는 일이 끝난 날, 김정호는 너무도 기쁜 나머지 딸 앞에서 뜨거운 눈물을 뿌리고 말았습니다.

　"아버지, 정말 큰일을 하셨어요! 이제 찍기만 하면 훌륭한 지도가 되겠군요."

　딸도 눈물을 흘리며 진심으로 기뻐하였습니다.

　1861년, 즉 조선의 25대 임금인 철종 12년에 김정호는 비로소 종이로 지도를 찍어냈습니다. 이렇게 완성된 지도가 유명한 '대동여지도'입니다. 대동이란 조선을 뜻하며, 여지도란 땅 전체를 모두 나타낸다는 뜻입니다.

　김정호는 주요 도로에는 4킬로미터마다 점을 찍어 거리를 알 수 있게 했습니다. 또 물줄기의 방향, 길의 방향, 산줄기 등을 종이에 끝까지 그렸으므로 여러 첩을 하나로 맞추어 놓으면 그대로 한 장의 지도가 되었습니다.

　김정호는 대동여지도의 제1첩 '지도 유설'의 끝머리에 대동여지도를 만든 이유를 이렇게 밝혔습니다.

　'이 지도는 적이 쳐들어왔을 때나 난폭한 무리들이 날뛸 때 도움이 될 것이다. 이 지도를 보면 지형을 이용해 적을 물리치고, 난폭한 무리를 쳐부술 수 있을 것이다. 또한 나라가 태평하고 평화로울 때는 정치를 긴밀하게 수행하고, 사회의 여러 일을 순조롭게 진행할 수 있으며 또한 백성들이 잘 살게 하는 데 이 지도를 이용하게 될 것이다.'

　그것은 바로 김정호의 신념이기도 했습니다.

　팔도 강산을 오직 두 다리로 걸어서 답사하였는데도 김정호가 만든 지도를

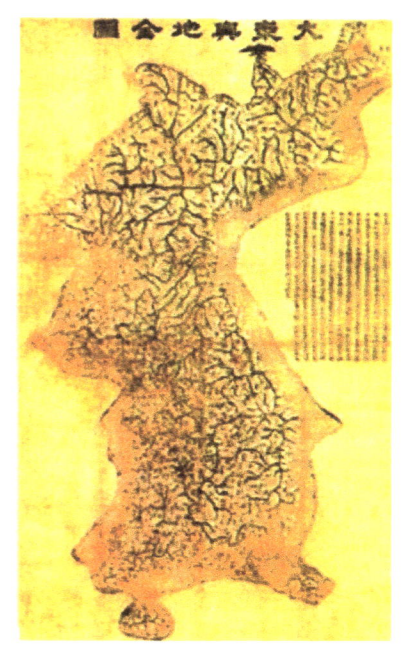
보면, 삼천리 방방곡곡 어디 한 군데 잘못된 점이 없었습니다.

하지만 김정호는 대동여지도를 완성한 데 만족하지 않았습니다.

'지리는 지도만으로는 모두 설명할 수가 없다. 지도에서 빠지고 없는 것은 자세히 글로 써서 기록해야 한다. 그래야만 진정한 지도가 완성될 수 있다.'

그래서 김정호는 다시 '대동지지'라는 책을 쓰는 데 온갖 정성을 쏟았습니다.

대동지지는 모두 32권으로 된 지리책이었습니다. 김정호는 우리 나라의 역사책, 지리책 등 65가지를 참고하여 대동지지를 만들었습니다.

대동여지도와 대동지지가 완성됨으로써 비로소 우리 나라의 지리 사정을 한눈에 볼 수 있게 되었습니다. 그리고 누구나 지도를 손쉽게 볼 수 있게 되었습니다.

대동여지도를 완성한 뒤 몇 해가 지나 김정호는 오랜만에 시내로 들어갔다가 이용희의 집을 찾았습니다. 이용희는 무과에 급제하여 어영 중군이라는 높은 벼슬자리에 앉아 있었습니다.

이용희는 오랜만에 찾아온 김정호를 반겼습니다. 하지만 얼굴에는 근심이 가득 서려 있었습니다.

"무슨 걱정거리라도 있는가?"

"나라에 걱정이 생겼다네. 프랑스 함대가 쳐들어온다네."

"프랑스 함대는 자네가 어영 중군이 되어 물리쳤다고 하지 않았나?"

"저번에는 물리쳤지만 그 뒤로 여러 차례 그들이 침범해 왔다네."

이 당시 나라에서는 나이가 어린 고종 임금을 대신해 임금의 친아버지인 대원군이 섭정으로 나라 일을 도맡아 하고 있었습니다.

대원군은 쇄국 정책으로 다른 나라와 교류를 끊고 나라의 문을 닫는 정치를 펴고 있었습니다.

중국을 거쳐 우리 나라로 들어온 천주교가 백성들에게 깊숙이 파고 들었습니다. 시간이 지날수록 천주교를 믿는 사람들은 차츰 불어났습니다.

대원군은 프랑스의 신부들이 들어오는 것을 막았을 뿐만 아니라, 이미 들어와 있는 신부들은 잡아다가 죽였습니다.

이런 대학살이 일어나자 프랑스는 강화도를 일부 점령하고 양식이며 서적 등을 닥치는 대로 마구 빼앗았습니다.

"그러니 어찌 큰 걱정이 아니겠는가. 자네가 무슨 좋은 계책이라도 있으면 일러주게."

"싸움이야 자네가 전문이지 않은가? 다만 싸움에는 먼저 지리를 잘 알아야 한다는 말을 들었네. 도움이 된다면 내 손으로 만든 지도를 주겠네."

이용희는 귀가 번쩍 했습니다.

"그 지도에 강화도도 그려져 있나?"

"물론일세. 우리 나라 영토는 다 그려져 있네."

김정호는 자기가 만든 지도를 이용희에게 주었습니다. 이용희는 지도를 얻고 매우 기뻐했습니다.

"안방에 앉아서 조선 팔도를 환히 알 수 있겠네 그려."

이용희는 강화도의 지형을 조사하고 당장 군대를 배치하기로 했습니다.

지도 덕분에 이용희가 거느리는 군대는 프랑스 함대를 모두 물리칠 수 있었습니다. 그 싸움이 1866년 병인년에 벌어진 것이라 하여 이를 병인양요라고 합니다.

이용희는 이렇게 훌륭한 일을 한 김정호를 대원군에게 알리고 싶었습니다. 그래서 김정호가 만든 지도를 대원군에게 보여 주었습니다.

그런데 대원군은 크게 놀라며 이용희에게 화를 냈습니다.

"누가 이런 지도를 만들었느냐! 그 놈을 당장에 잡아오너라!"

대원군은 대동여지도가 나라의 기밀을 적에게 알리는 무서운 물건으로 생각하였던 것입니다.

친구를 이롭게 하려다가 도리어 해를 입힌 이용희는 어이가 없었습니다. 하지만 하늘을 찌를 듯한 권세를 누리는 대원군을 어찌 해 볼 도리가 없었습니다.

김정호는 당장 대원군 앞으로 끌려갔습니다.

"이놈, 나라의 백성으로서 지도를 만들어 나라의 기밀을 누설하다니, 네 죄는 죽어 마땅하니라!"

"나라의 기밀을 누설하다니요?"

김정호는 펄쩍 뛰었지만 대원군은 아무 말도 듣지 않았습니다.

게다가 포졸들을 시켜 김정호 집에 있는 목판을 모두 없애라는 명령까지 내렸습니다.

"안 된다! 내 일생을 바쳐 만든 것이다! 차라리 나를 죽여라!"

김정호가 울부짖으며 매달렸습니다. 하지만 포졸들은 목판을 도끼로 잘게 쪼개어 불을 질러 버렸습니다.

김정호는 묶인 몸으로 엉금엉금 기어가 불타는 목판을 껴안으려 했습니다.
"차라리 나를 죽여라……."
김정호는 피를 토하듯 소리를 지르다 그 자리에서 정신을 잃고 말았습니다.

그 뒤 옥에 갇혀 고문을 당하던 김정호는 병이 들고 말았습니다. 하지만 김정호는 감옥에서도 늘 지도 생각뿐이었습니다.

그래서 김정호는 딸에게 붓과 종이를 가져다 달라고 했습니다. 팔도 민속지를 만들어야겠다고 생각했기 때문입니다. 그러나 벼슬아치들은 김정호가 원고를 쓰도록 내버려두지 않았습니다.

추운 겨울을 감옥에서 보내고 고문으로 몸까지 쇠약해진 김정호는 결국 얼마 뒤 숨을 거두었습니다.

김정호는 이렇게 비참하게 죽었지만 후세에 이르러 그의 공로가 인정되었습니다. 그리고 오늘날 많은 학계에서도 김정호를 문화의 선구자로 추앙하고 있습니다.

선생님 말씀

　김정호는 잘못된 우리 나라 지도를 바로 잡기 위해 많은 노력을 하였습니다. 정확한 지도가 있어야만 나라가 힘을 제대로 쓸 수 있다고 생각했던 것이지요. 김정호는 가정도 팽개치고 갖은 고생을 다 하면서 전국 방방곡곡을 두 발로 걸어다니며 지도를 그렸습니다. 하지만 대원군은 김정호의 깊은 생각을 미처 헤아리지 못했습니다. 나라의 기밀을 누설했다는 죄를 씌워 감옥에 가두었던 것이지요.
　지도가 그려진 목판이 쪼개어져 불태워질 때 김정호의 가슴은 찢어질 듯 아팠을 것입니다.
　하지만 김정호는 옥에 갇혀서도 좌절하지 않았습니다. 오히려 각 지방의 풍습을 적어 넣으려고 했지요.
　김정호는 백두산을 여덟 번이나 오르내리고, 전국을 세 번이나 돌아다녔습니다. 감정호의 발길이 닿지 않은 곳은 한 군데도 없었습니다. 목숨을 아끼지 않고 우리 나라의 지도를 완성했던 김정호의 나라 사랑을 우리는 잊지 말아야 할 것입니다.

| 사회자 | 지금부터 '김정호' 이야기에서 중요한 안건을 정한 뒤에 서로 의견을 나누도록 하겠습니다. |

안건 서당 선생님이 김정호에게 나라를 위해 큰일을 하고 싶거든 열심히 공부해서 과거에 급제하라고 한 것은 옳은 말이다.

반대 서당 선생님이 김정호에게 나라를 위해 큰일을 하고 싶거든 열심히 공부해서 과거에 급제하라고 한 것은 틀린 말이다.

철 규 그 시대에는 과거에 급제하는 것만이 가장 좋은 출세라고 믿었습니다. 지금처럼 여러 종류의 일이 있지도 않았지요. 또 양반 계급이면 상민들이나 하는 일을 해서는 안 된다고 믿었습니다.

재 상 그래요. 요즘은 뭐든지 실력에 맞춰 할 수 있고, 직업에 귀천이 없다고 하지만 옛날에는 그러지 못했습니다. 서당 선생님은 김정호가 지도를 만들겠다고 했을 때, 그런 일은 상민이나 한다고 생각했을 것입니다.

지 훈 하지만 좋은 선생님이라면 제자에게 고리타분한 말을 하지 않았을 것입니다. 뜻을 세웠거든 열심히 해 보라고 했어야 옳습니다.

준 태 공부 열심히 해서 급제하라고 한 것 때문에 나쁜 선생님이라고 말하는 것은 옳지 않습니다. 서당 선생님은 김정호가 엉뚱한 것에 신경을 쓰고 공부는 하지 않았기 때문에 그랬을 것입니다. 어떤 선생님도 한눈 파는 제자를 좋아할 리가 없습니다.

문수 입장을 바꿔서 생각해 봤는데, 우리 부모님한테 제가 우주의 지도가 어떻게 생겼는지 꼭 알아내겠다고 했다면 어이없다는 표정을 지을 것 같습니다. 그 시대에는 지도의 필요성을 전혀 느끼지 못했기 때문에 서당 선생님이 그런 말을 했다고 생각합니다.

윤선 어른들은 우리들이 낯선 것에 도전하려고 하는 것을 몹시 염려합니다. 하지만 서당 선생님은 진정으로 김정호를 아꼈기 때문에 충고했을 것입니다.

형수 지금처럼 과학이 발달된 시대에도 지도를 만드는 일은 쉽지 않습니다. 그런데 두 발로 전국 방방곡곡을 걸어다니면서 지도를 만들어야 하는데 그 일을 찬성할 스승은 없을 것입니다.

영희 선생님은 김정호가 장난으로 그런 말을 했다고 생각했을지도 모릅니다. 한참 장난기가 많을 때이고, 또 그 시대에 김정호와 같은 생각을 하는 게 쉽지 않기 때문입니다.

은지 딴 생각말고 공부나 열심히 하라고 하는 말은 어른들이 가장 잘 하는 말씀입니다. 서당 선생님은 김정호가 엉뚱한 생각이나 하는 것이 못마땅했던 것입니다.

창호 엉뚱한 생각을 하는 사람이 창의력 있는 일을 할 수 있다는 것을 서당 선생님은 몰랐나 봅니다. 에디슨은 병아리가 태어나게 한다면서 계란을 품고 있었습니다. 이처럼 엉뚱한 생각이 위대한 발명가로 만들어 준 것입니다.

생각지도 그리기

찬성하는 이유를 먼저 생각한 뒤에 생각지도를 그려 보도록 해요.

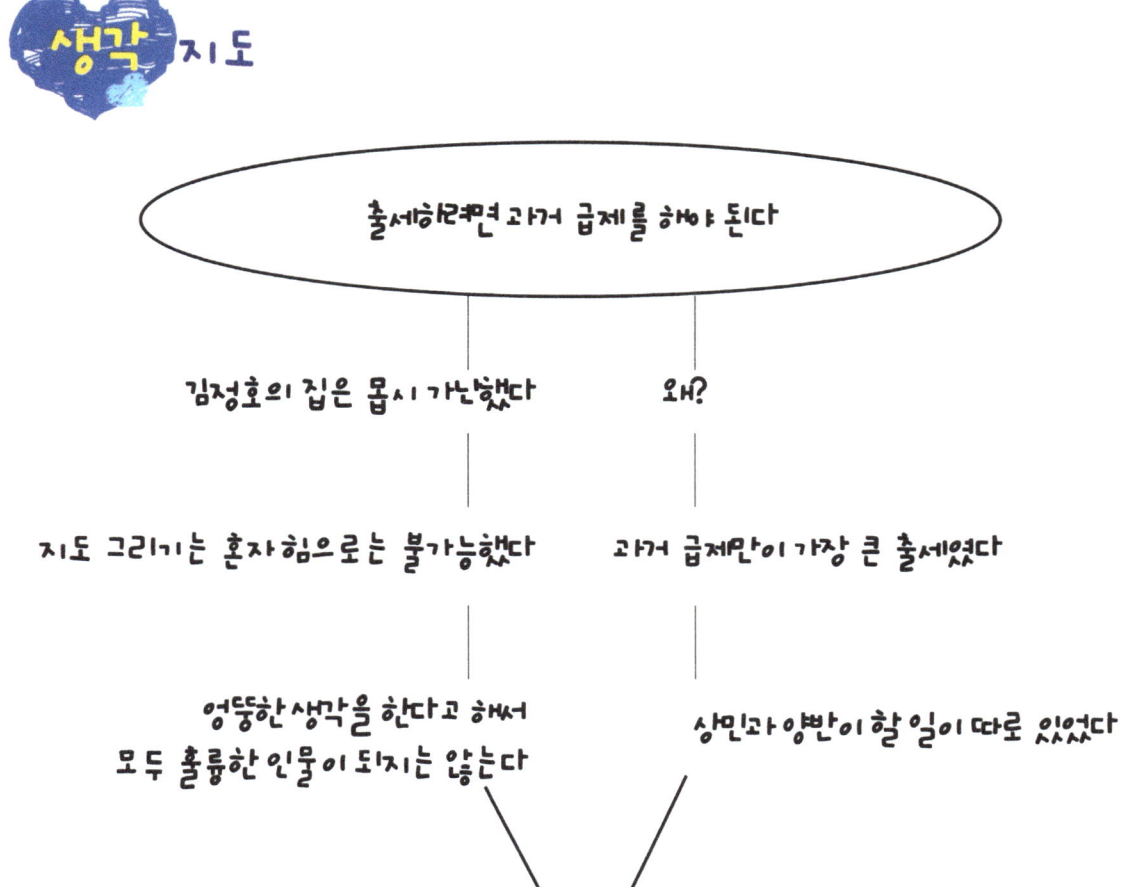

예문보기

찬성 논술

생각지도에 맞춰 찬성 논술을 써 보도록 해요.

　저는 서당 선생님이 김정호에게 나라를 위해 큰일을 하고 싶거든 열심히 공부해서 과거에 급제하라고 한 말이 옳았다는 안건에 찬성합니다. 그 시대에는 급제만이 가장 좋은 출세라고 믿었습니다. 또 상민과 양반이 할 일이 따로 있다고 여겼습니다. 그런 계급 사회에서 김정호가 상민들이나 하는 지도 그리는 일을 하겠다고 말했으니 제자를 사랑하는 스승이라면 당연히 충고를 했을 것입니다.
　서당 선생님은 김정호의 집이 몹시 가난하다는 것을 알고 있었을 것입니다. 그런데 가난한 집안의 아들이 공부 대신 지도를 만들겠다고 했습니다. 진정 제자를 아끼는 선생님이라면 누구든지 반대를 했을 것입니다.
　또 지도가 있어야 백성들의 나라 사랑하는 마음도 그만큼 강해진다는 사실을 선생님이 알고 있었다고 해도 쉬운 일이 아님을 알고 있었기 때문에 반대를 했던 것입니다.
　에디슨이 엉뚱한 생각을 하고, 엉뚱한 행동을 용기 있게 했기 때문에 뛰어난 과학자가 되었다고 하지만 엉뚱한 생각을 한다고 해서 모두 훌륭한 인물이 되는 것은 아닙니다.
　그러므로 김정호를 아끼는 선생님 입장에서는 당연히 그런 말을 할 수밖에 없었습니다.

6단 논법으로 정리하기

안 건: 서당 선생님이 김정호에게 나라를 위해 큰일을 하고 싶거든 열심히 공부해서 과거에 급제하라고 한 것은 옳은 말이다.

결 론: 찬성이다.

이 유: 그 시대에는 양반과 상민이 하는 일이 따로 있었고, 과거 급제를 가장 좋은 출세라고 믿었다.

설 명: 선생님은 김정호의 가난한 형편을 너무도 잘 알고 있었기 때문에 진정 제자를 아끼는 마음으로 말을 했던 것이다.

반론 꺾기: 과학이 발달한 시대도 아니었다. 두 발로 방방곡곡을 걸어다녀서 지도를 만들겠다고 하는 제자가 있다면 어떤 스승이라도 말렸을 것이다.

정 리: 엉뚱한 생각을 한다고 해서 모두 훌륭한 인물이 되는 것은 아니다. 김정호에 대해 모든 것을 알고 있는 선생님 입장에서는 당연히 글공부를 열심히 하라고 말할 수밖에 없었다.

선생님평가

그 시대에 양반과 상민이 하는 일이 따로 있었던 건 아닙니다. 계급 사회였기 때문에 서당 선생님 입장에서는 제자인 김정호가 상민이나 할 일을 하겠다고 했을 때 당연히 반대를 했을 겁니다.

상민이 하는 일과 양반이 하는 일을 설명해 주었다면 더 설득력이 좋았을 겁니다. 김정호의 가난한 형편을 알고 있었기 때문에 제자를 아끼는 마음으로 선생님이 말을 했을 거라는 설명도 조금 약합니다.

스스로 해 보기

선생님 이번에는 찬성하는 입장에서 스스로 논술을 써 보도록 해요. 먼저 생각지도를 그려 보면 좋은 글을 쓸 수 있겠죠?

안건 서당 선생님이 김정호에게 나라를 위해 큰일을 하고 싶거든 열심히 공부해서 과거에 급제하라고 한 것은 옳은 말이다.

6단 논법으로 정리하기

안건 서당 선생님이 김정호에게 나라를 위해 큰일을 하고 싶거든 열심히 공부해서 과거에 급제하라고 한 것은 옳은 말이다.

결론 찬성이다.

이유

설명

반론 꺾기

정리

선생님평가

예문보기

어린이 시 쓰기

선생님 : 김정호는 우리 나라의 지도가 제대로 만들어지지 않으면 안 된다고 생각하고 방방곡곡을 두 다리로 걸어다니며 지도를 완성하였습니다. 우리도 우리 동네의 모습이 어떻게 생겼는지 먼저 생각을 적고, 시 한 편을 써 볼까요?

지 훈 : 학교 앞으로는 커다란 공원이 있고, 뒤로는 높은 산이 있습니다. 그래서 우리 동네는 다른 동네보다 눈이나 비가 많이 옵니다. 오목하게 들어가 있기 때문입니다. 우리 동네는 꼭 음식을 가득 담을 수 있는 접시같이 생겼을 것 같습니다.

우리 동네

우리 동네는
모양이 아름다운
커다란 접시

테두리에는
나무와 꽃과 새가 노는
공원과 산이 그려져 있고,

가장자리에는
집과 학교와
병원과 교회 등이
옹기종기 그려져 있는
커다란 접시

예문보기

생각지도 그리기

반대하는 이유를 먼저 생각한 뒤에 생각지도를 그려 보도록 해요

생각지도

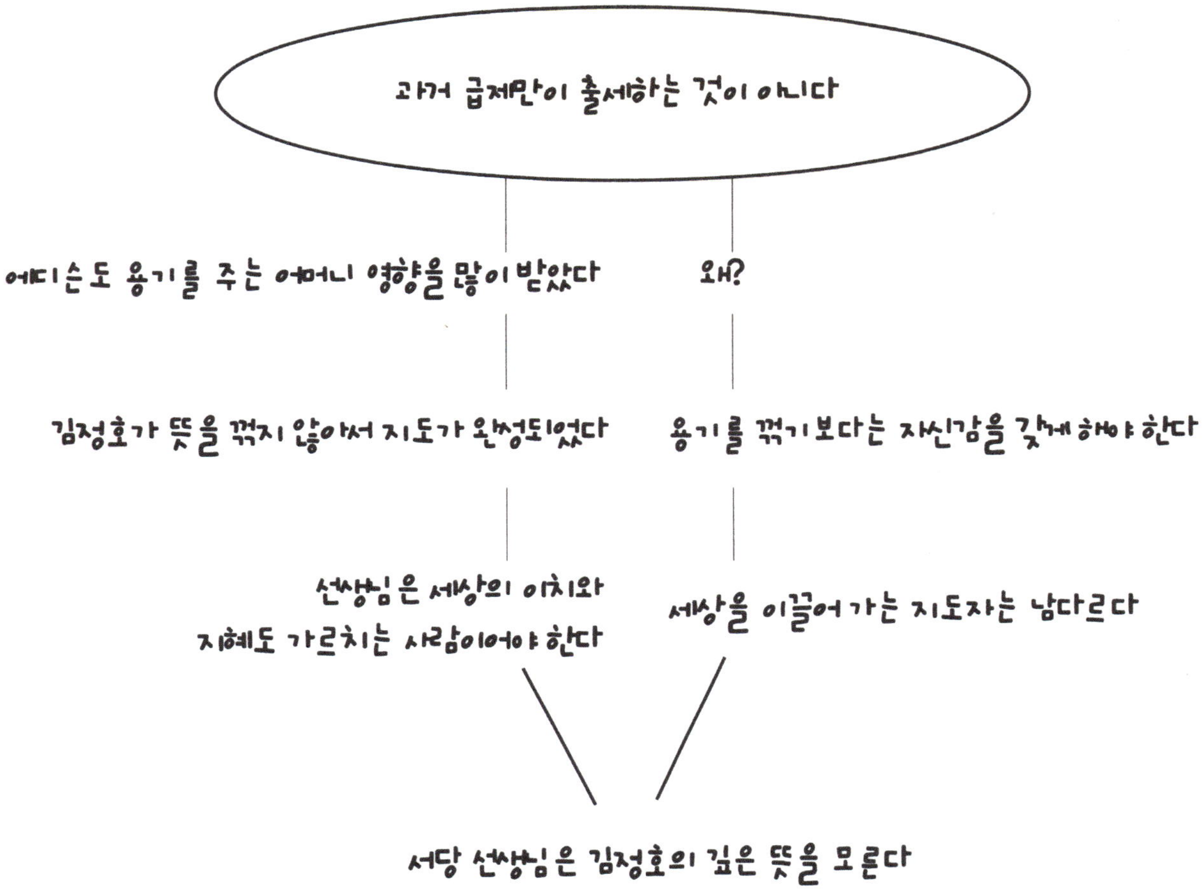

- 과거 급제만이 출세하는 것이 아니다
  - 에디슨도 용기를 주는 어머니 영향을 많이 받았다
    - 김정호가 뜻을 꺾지 않아서 지도가 완성되었다
      - 선생님은 세상의 이치와 지혜도 가르치는 사람이어야 한다
  - 왜?
    - 용기를 꺾기보다는 자신감을 갖게 해야 한다
      - 세상을 이끌어가는 지도자는 남다르다
- 서당 선생님은 김정호의 깊은 뜻을 모른다

예문보기

반대 논술

생각지도에 맞춰 반대 논술을 써 보도록 해요.

　서당 선생님이 김정호에게 나라를 위해 큰일을 하고 싶거든 열심히 공부해서 과거에 급제하라고 한 것은 틀린 말입니다.
　진정으로 제자를 아끼는 선생님이었다면 용기를 꺾기보다는 자신감을 더 불어넣었을 것입니다. 세상을 이끌어 가는 지도자는 항상 엉뚱한 생각을 했습니다. 서당 선생님은 김정호를 잘 알고 있었을 것입니다. 따라서 글공부보다는 지도에 더 관심이 많은 김정호에게 지도의 필요성이나 중요성을 더 알려 줘서 용기를 줬어야 합니다.
　에디슨은 병아리를 태어나게 한다면서 계란을 품기도 했습니다. 하지만 에디슨의 장점을 살려준 것은 어머니였습니다. 그래서 에디슨은 세계적인 발명가가 될 수 있었던 것입니다.
　만일 김정호가 서당 선생님의 말대로 과거 공부에만 매달렸다면 우리 나라 지도는 훨씬 더 늦게 나왔을 것입니다. 김정호가 자신의 신념대로 꿋꿋하게 행동으로 옮겼기 때문에 대동여지도가 나올 수 있었던 것입니다.
　선생님은 공부만 가리키는 것이 아니라 세상의 이치와 지혜도 가리키는 사람이어야 합니다.
　서당 선생님이 김정호의 가난한 환경을 알고 있었기 때문에 공부를 열심히 해서 과거에 급제하라는 말을 했다고 할 수도 있겠지만, 조금은 엉뚱한 김정호의 성격을 잘 알고 있었다면 오히려 더 용기를 줬어야 합니다.

6단 논법으로 정리하기

안건과 결론 서당 선생님이 김정호에게 나라를 위해 큰일을 하고 싶거든 열심히 공부해서 과거에 급제하라고 한 것은 틀린 말이다.

이유 진정으로 제자를 아끼는 스승이었다면 용기를 꺾기보다는 자신감을 불어넣어야 했다.

설명 에디슨을 위대한 발명가로 이끈 사람이 어머니였던 것처럼, 서당 선생님도 김정호가 왜 그런 말을 하고 있는지를 먼저 생각했어야 한다.

반론꺾기 가난한 김정호의 환경을 알고 있었기 때문에 공부를 해서 과거에 급제하라고 했을 수도 있지만 김정호가 선생님의 말을 들었다면 대동여지도는 나올 수 없었다.

정리 선생님은 학문만 가르치는 사람이 아니다. 세상의 이치와 지혜도 함께 가르쳤어야 했다.

선생님평가

진정으로 제자를 아꼈다면 용기를 꺾지 말았어야 한다는 이유가 단순합니다. 그렇지만 왜 김정호가 공부보다 지도에 더 관심이 많은지는 생각했어야 한다는 설명이 좋습니다. 선생님이 세상의 이치와 지혜도 함께 가르쳤더라면 좋았을 것이라는 정리도 좋습니다.

오늘 승리는 찬성쪽으로 돌아갑니다.

선생님 이번에는 반대하는 입장에서 스스로 논술을 써 보도록 해요. 먼저 생각 지도를 그려 보면 좋은 글을 쓸 수 있겠죠?

반대 서당 선생님이 김정호에게 나라를 위해 큰일을 하고 싶거든 열심히 공부해서 과거에 급제하라고 한 것은 틀린 말이다.

6단 논법으로 정리하기

안건과 결론 서당 선생님이 김정호에게 나라를 위해 큰일을 하고 싶거든 열심히 공부해서 과거에 급제하라고 한 것은 틀린 말이다.

이유

설명

반론 꺾기

정리

선생님평가

오늘 승리는 (　　) 쪽으로 돌아갑니다.

정해진 안건에 맞춰 토론 수업하기
대화 나누기

사회자 김정호는 나라의 지도가 있어야만 백성들의 나라 사랑도 그만큼 강해진다고 믿었어요. 이번에는 정해진 안건에 맞춰 서로 의견을 나누도록 해요.

안건 병이 다 낫지도 않았는데 가족들 몰래 집을 떠나는 김정호를 부인은 잡았어야 했다.

반대 병이 다 낫지도 않았는데 가족들 몰래 집을 떠나는 김정호를 부인은 잡을 수가 없었다.

다른 친구들과 나눈 대화를   에 이름을 적고, 그 내용을 적어 보세요.

 # 생각지도 그리기

찬성하는 이유를 먼저 생각한 뒤에 생각지도를 그려 보도록 해요.

병이 다 낫지도 않았는데 가족들 몰래 집을 떠나는 김정호를 부인은 잡았어야 했다.

정해진 안건에 맞춰 토론 수업하기

찬성 논술

♡ 생각지도에 맞춰 찬성 논술을 써 보도록 해요.

안건 : 병이 다 낫지도 않았는데 가족들 몰래 집을 떠나는 김정호를 부인은 잡았어야 했다.

6단 논법으로 정리하기

안건 병이 다 낫지도 않았는데 가족들 몰래 집을 떠나는 김정호를 부인은 잡았어야 했다.
결론 찬성한다.
이유
설명

반론 꺾기
정리

선생님 평가

선생님 김정호는 두 발로 방방곡곡을 돌아다니면서 지도를 완성하였습니다. 도둑을 만나 그 동안 모은 자료를 빼앗겼을 때 기분이 어땠을까, 먼저 생각을 적은 뒤에 시 한 편을 써 볼까요?

나의 생각 :

# 생각지도 그리기

반대하는 이유를 먼저 생각한 뒤에 생각지도를 그려 보도록 해요.

병이 다 낫지도 않았는데 가족들 몰래 집을 떠나는 김정호를 부인은 잡을 수가 없었다.

정해진 안건에 맞춰 토론 수업하기

반대 논술

♡ 생각지도에 맞춰 반대 논술을 써 보도록 해요.

안건 : 병이 다 낫지도 않았는데 가족들 몰래 집을 떠나는 김정호를 부인은 잡을 수가 없었다.

6단 논법으로 정리하기

안건과 결론	병이 다 낫지도 않았는데 가족들 몰래 집을 떠나는 김정호를 부인은 잡을 수가 없었다.
이 유	
설 명	
반론 꺾기	
정 리	

선생님평가

오늘 승리는 (　　　)쪽으로 돌아갑니다.

 # 생각 넓히기

갖은 고생 끝에 그린 지도를 도둑에게 빼앗겼던 김정호가 나였다면 어떻게 했을까요? 동화 식으로 재미있게 꾸며 보고, 그림으로 그려 볼까요?

"제발 이 지도만은 빼앗지 말아 주시오. 이것은 내 목숨보다 더 소중한 것이오."
나는 두목의 다리를 붙들고 늘어지면서 애원을 했습니다.
(다음을 이어서 써 보세요)

친구들과 토론 수업하기
대화 나누기

사회자 김정호 중에서 아직 다루어지지 않은 중요한 안건을 정해 토론을 해 볼까요?

안건
반대

먼저 안건을 정한 뒤에 다른 친구들과 나눈 대화를 ⬚ 에 이름을 적고, 그 내용도 적어 보세요.

생각지도 그리기

찬성하는 이유를 먼저 생각한 뒤에 생각지도를 그려 보도록 해요.

친구들과 토론 수업하기

찬성 논술

생각지도에 맞춰 찬성 논술을 써 보도록 해요.

친구들과 토론 수업하기

6단 논법으로 정리하기

- **안건**
- **결론**
- **이유**
- **설명**
- **반론 꺾기**
- **정리**

선생님 평가

쑥쑥쑥 어린이 시 쓰기

선생님 대동여지도를 완성한 것은 김정호이지만 옆에서 가장 도움을 준 사람들은 바로 가족입니다. 가족의 희생으로 대동여지도가 완성된 것입니다. 자 그럼, 우리 가족을 생각하면 가장 먼저 무엇이 떠오르는지 적고, 자유롭게 시 한 편을 써 보도록 해요.

나의 생각 :

생각지도 그리기

반대하는 이유를 먼저 생각한 뒤에 생각지도를 그려 보도록 해요.

친구들과 토론 수업하기

 # 반대 논술

생각지도에 맞춰 반대 논술을 써 보도록 해요.

친구들과 토론 수업하기

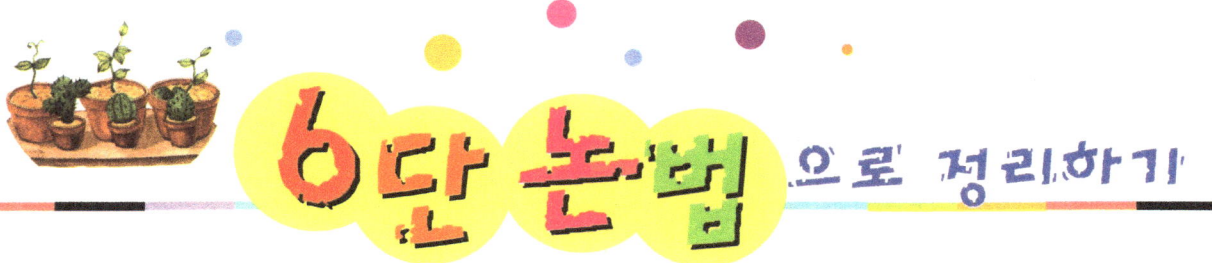

6단 논법으로 정리하기

안건

결론
이유
설명

반론 꺾기
정리

선생님 평가

오늘 승리는 (   )쪽으로 돌아갑니다.

생각 넓히기 일기 쓰기

여러분이 김정호의 심정이 되어 일기를 써 보세요. 서당 선생님께 야단 맞았던 일, 최한기에게 귀한 지도를 받았던 일, 백두산을 여덟 번이나 오르내렸던 일, 도둑에게 지도를 빼앗겼던 일, 목판이 쪼개져 태워졌던 일, 억울한 누명을 쓰고 감옥에 갇혔던 일 등 가장 인상 깊었던 내용을 골라 일기로 써 보고, 그림도 그려 보세요.

생각 넓히기

'김정호'의 독후감상문을 써 볼까요?

짧은 글짓기

'김정호'를 떠올리며 짧은 글짓기를 해 볼까요?
(온점을 네 개 이상 찍으세요.)

예) 종이와 붓 : 김정호는 실제로 땅을 답사하기로 마음 먹었습니다.
김정호는 봇짐에 종이와 붓과 벼루와 먹을 것을 챙겨 넣었습니다.
"여보, 돈도 없이 어떻게 혼자 힘으로 그 큰일을 해내겠다는 거예요?"
아내가 울며 매달렸지만 김정호는 뒤도 돌아보지 않고 집을 나섰습니다.

✽아내 :

✽딸 :

✽대동여지도 :

생각놀음기

상상하여 표현하기

순발력 키우기
예상하지 못한 엉뚱한 질문을 받았을 때 당황하지 않고 어떻게 대답할까요?

* 어느 날, 길수는 친한 명호를 통해 여자 친구 한 명을 소개받았어요. 그런데 그 여자는 만나자마자 대뜸 이렇게 물었어요.
"인상이 좋지 않다는 소리를 많이 듣지 않나요?"
그 소리에 놀란 사람은 명호가 아니라 길수였습니다. 평소 여자애가 남을 편하게 해 주었기 때문에 친한 친구 명호에게 소개했는데…….
그런데 다음 날, 길수는 여자애한테서 이런 전화를 받았습니다.
"명호하고 친하게 지내기로 했어. 처음 만났을 때, 내가 아주 불쾌한 질문을 했는데도 당황하지 않고 여유 있게 대답하는 모습이 마음에 들었거든."
(자, 과연 명호는 여자애한테 어떤 말을 어떻게 했을까요? 그 상황을 떠올리며 재미있게 표현해 보세요.)

상상하여 그림으로 표현하기

* 누가 나를 처음 보았는데 "인상이 좋지 않다는 소리를 많이 듣지 않나요?" 하고 물었을 때 나는 어떤 표정을 지을까요?
  (상상해 보고 재미있게 그림이나 만화로 그려 보세요.)

생각넓히기

 # 독서 퀴즈 시간

'김정호'의 내용을 잘 기억하고 있지요? 자, 이번에는 재미있게 독서 퀴즈를 풀어 볼까요?

1. 김정호는 서당 선생님한테 왜 많이 혼났나요?

2. 서당 선생님은 김정호를 어떤 말로 꾸짖었지요?

3. 김정호는 틈만 나면 혼자서 무엇을 했나요?

4. 김정호의 친구인 이용희는 무엇을 구해다 주었지요?

5. 서울에서 온 손님을 만난 김정호는 뭐라고 물었지요?

6. 규장각에 도착한 김정호는 뭐라고 떼를 썼나요?

7. 김정호가 규장각 앞에서 만난 최한기는 어떤 사람이었나요?

8. 최한기는 왜 처음 본 김정호에게 지도를 선뜻 내 주었을까요?

9. 지도를 손에 넣은 김정호는 무엇 때문에 실망했지요?

10. 김정호는 걱정하는 아내에게 뭐라고 타이른 뒤 집을 나섰나요?

11. 김정호는 조선 팔도를 몇 번이나 돌아다녔으며 백두산은 몇 번이나 오르내렸지요?

12. 김정호가 가장 두려워한 것은 무엇이었지요?

13. 김정호가 돌아왔을 때 집안 모습이 어땠나요?

14. 그려 놓은 지도를 한 짐 짊어지고 집으로 돌아오면서 김정호는 누가 제일 먼저 반겨 주리라고 믿었지요?

15. 김정호는 목판 새기는 일에 열중하다 쌀이 떨어지면 어떻게 돈을 마련했나요?

16. 김정호가 오랜만에 만난 이용희는 어떤 걱정을 하고 있었지요?

생각넓히기

말하기 토론 시간

선생님 여러분은 '김정호'를 읽고 주인공들의 행동이나 이야기를 안건으로 내세워 토론을 해 보았습니다.
이번에는 신문이나 방송, 학교 등에서 일어나는 여러 일들 중 새로운 안건을 정해 토론을 해 볼까요? 안건이 주어지면 주장한 내용과 자료를 미리 준비한 뒤 친구들과 재미있게 토론을 해 보도록 해요. 그러면 말하기 실력이 쑥쑥 자라날 거예요.

오늘의 안건

나의 자료 조사

자기 주도 독서·토론·논술 커리큘럼 ②
「김정호」 읽고 토론·논술 커리큘럼 완전정복

초판 인쇄일 : 2022년 3월 5일
초판 발행일 : 2022년 3월 9일

기획·구성 : 자유토론
발행인 : 김종윤
펴낸곳 : 주식회사 자유지성사
등록번호 : 제 2 - 1173호
등록일자 : 1991년 5월 18일

서울특별시 송파구 위례성대로 8길 58, 202호
전화 : 02) 333- 9535 / 팩스 : 02) 6280- 9535
E-mail : fibook@naver.com
ISBN : 978 - 89 - 7997 - 420 - 1 (73810)

발행인의 허락없이 무단전재나 복제를 할 수 없습니다.
파본은 구입하신 서점에서 교환하여 드립니다.